Ramaela Maria Seeliger

88 spirituelle Räucherungen
und mehr

Für Körper, Geist und Seele

*Bibliografische Information der Deutschen National-
bibliothek:
Die Deutsche Nationalbibliothek verzeichnet diese
Publikation in der Deutschen Nationalbibliografie;
detaillierte bibliografische Daten sind im Internet
über http://dnb.dnb.de abrufbar.*

© *2014 Ramaela Maria Seeliger*

*Titelbild: Der Räuchergeist / Ramaela Maria Seeliger
www.ramaela.info*

*Herstellung und Verlag: BoD – Books on Demand,
Norderstedt*

ISBN: 978-3-734 730 627

„Die einzige Konstante,
ist die ständige Veränderung!"

Die Autorin

Ramaela Maria Seeliger bereits seit den `80er Jahren bekannt als „Engelsfrau" und Channelmedium, Lumenetik-Meisterin und Künstlerin.
Eine außergewöhnliche Wahrnehmung begleitet sie schon ihr ganzes Leben. Für sie ist es so normal wie der Sonnenauf und -untergang. Als Kind konnte sie nicht verstehen warum ihre Großmutter ihre Freunde im Garten nicht sehen konnte. Oma wollte ihre Freunde doch so gerne kennenlernen. Damit sie nicht auffällt und als "normal" gilt, hat sie ihre Wahrnehmung lange verdrängt und sich dagegen gewährt. Jedoch bereits im Alter von 12 Jahren beschäftigte sie sich mit Religionen, Magie und Parapsychologie. Als 17 Jährige legte sie bereits Tarotkarten für hilfebedürftige Menschen. Immer wieder stellte sie fest, dass sie Dinge wusste die sie sich nicht erklären konnte. Nach der Geburt ihres ersten Sohnes im Februar 1979 fing sie an sich mehr und mehr auch für die geistigen Welten zu öffnen. Ihr Sohn war eine große Hilfestellung, da auch er Dinge sehen konnte die andere nicht sahen. Anfang der 80er stellte sich Meister El Morya bei ihr vor und es begann eine Ausbildungszeit, die noch nicht geendet hat. Seit dem studierte sie die geistigen Welten, die Hierarchie, die Aufgaben und ganz besonders die dazu gehörigen Farbfrequenzen. Immer wieder stieß sie hierbei auf Symbole und Zeichen, auch aus den geistigen Welten wurden ihr Symbole und Zeichen zur Verfügung gestellt. So durchlief sie verschiedene Ausbildungen, die manchmal über mehrere Jahre gingen und gehen und mit einer Einweihung abgeschlossen wurden.
Lumenetik-Meisterin, die Einweihungen in die Elemente-Energie, in die Energie von Mutter Erde, in die Engelwelten, der Lichtnahrungsprozess, die 2 jährige Ausbildung zum Energie- und Sprechkanal. Es kristallisierte sich für sie die Aufgabe einer Botschafterin, sowie die einer Energetikerin (Sämerin? Erweckerin?) sie weiß keinen genauen Namen dafür, aber Energetikerin trifft es schon recht gut,
heraus. Sie ist keine Heilerin, da sie sich nicht mit Krankheiten beschäftigt. Ihre Arbeit findet auf einer anderen Ebene statt, hier sind die Farbfrequenzen und die Symbole von großer Wichtigkeit. Ursachen der Symptome "Krankheiten" in unserem Seelenkleid werden in die richtige Frequenz geschwungen und ins Bewusstsein gebracht, meist ist die Folge Heilung
Dabei geht es nicht nur um Menschen, sondern um Pflanzen, Tiere und Plätze.
Heute führt sie Seminare, Vorträge oder auch Ausbildungen speziell zum Thema Engel, aufgestiegene Meister und Energie-Arbeit durch.

Inhaltsverzeichnis

Vorwort 11

Harze, Wurzeln, Hölzer 16

Tempelweihrauch 19

Ägyptisches Kyphi 24

Engel, Elfen und Naturgeister 28

Elemente 40

Meditations-Räucherungen 47

Mond-Räucherungen 50

Sommer-Sonnenwende 51

Winter-Räucherung 51

Erdheilung, Kreisräucherung 52

Edelstein– und Amulett-Räucherung 53

Indianische Räucherungen 54

Mystische Räuchermischungen 56

Liebesräucherungen 60

Geld und Glücks-Räucherungen 66

Verschiedene Räucherungen 68

Das Ritual der Herstellung 82

Die Kunst des Räucherns 86

Vorwort

Viele Jahre habe ich Räuchermischungen hergestellt, für meinen eigenen Gebrauch und später auch zum Verkauf. Es machte mir Spaß zu experimentieren, alte Rezepte ausfindig zu machen, Kräuter selber zu sammeln oder auch Räuchermischungen auszupendeln. Engelräucherungen kamen später dazu, die Rezepte oder Mischungen wurden mir aus der Engelwelt vorgeschlagen.

Seit etwa 5 Jahren stelle ich, meist nur noch für den Eigenbedarf her, jedoch hat mich die große Nachfrage und das große Interesse an meinen Räuchermischungen veranlasst, meine Rezepte zu veröffentlichen. So sind sie jedem Interessenten zur Verfügung gestellt.

Räucherungen, ob einzelne Harze, Wurzeln, Hölzer oder Kräuter verbreiten nicht nur einen angenehmen Geruch, sondern schwingen auch in verschiedenen Frequenzen, die nicht nur für eine spirituelle Weiterentwicklung sehr unterstützend eingesetzt werden kann, sondern auch in bestimmten Situationen Hilfe und Wohlbefinden vermitteln, sowie Heilungsprozesse einleiten und unterstützen können.

88 Räucherungen für Körper, Geist und Seele beinhaltet Räuchermischungen, die mit den gängigsten Zutaten einfach herge-

stellt werden können. Die Ägyptischen Mischungen, sind Aufwendiger und benötigen etwas Zeit, ich habe sie mit eingebracht, weil die Nachfrage dazu so groß war.

Ich wünsche Ihnen viel Spaß beim Lesen und Ausprobieren dieses „Kochbuches" der Räuchermischungen.

Das Räuchern gehört zu den ältesten Heilanwendungen der Menschen. In der asiatischen, afrikanischen und indianischen Tradition ist es bis heute bekannt, leider ist es bei uns in Deutschland teilweise völlig in Vergessenheit geraten. Jedoch in den letzten Jahren gewinnt das Räuchern wieder Aufmerksamkeit. Auch in unserer Kultur und in der Vergangenheit hatten unsere Vorfahren ein umfangreiches Räucherwissen. Es war bekannt, dass das Räuchern die Luft reinigen und eine besondere Atmosphäre schaffen kann. Die Kelten, Hexen, Kräuterfrauen und Druiden, wie auch unsere Kirchenväter hatten ein umfangreiches Wissen über die Wirkungen von Kräutern, Hölzern und Harzen. Sogar in der Bibel werden Räucherungen beschrieben. Leider ist vieles von dem alten Wissen verloren gegangen, vieles wurde nur über Einweihung und im Geheimen weitergegeben.

Auch bei uns in Europa wurde traditionell geräuchert wie z.B. bei Geburt und Tod, bei

Familienfesten und anderen wichtigen Dingen des Lebens. Reinigungsräucherungen bei Krankheiten, der Beginn des Frühlings oder zu Weihnachtszeit waren Tradition. In den Kirchen wird heute noch zu den Ritualen (Gottesdienst) Weihrauch verbrannt.

In früheren Zeiten wollte man krankmachende Dämonen und Geister vertreiben, heutiges Wissen und wissenschaftliche Untersuchungen zeigen, dass zahlreiche Kräuter, Wurzeln oder Hölzer bei ihrer Verbrennung eine keimtötende und desinfizierende Reinigung der Raumluft zur Folge hat. Olibanum, Weihrauch, Salbei oder Wacholder sind hier bereits wissenschaftlich belegt. Unsere Vorfahren hatten größtenteils nur heimische Kräuter, Wurzeln, Hölzer und Harze (z.B. Fichtenharz) zur Verfügung. Heute haben wir Zugriff auf alle Harze, Hölzer, Wurzeln oder Kräuter weltweit. Mit großem Erfolg haben unsere Vorfahren nur einheimische Pflanzen eingesetzt, dieses alte Wissen habe ich versucht wieder zu finden und mit altem Wissen aller Kontinente zu beleben.

Entspannen-Meditieren-Beten– Anrufen-Stress abbauen-Rituale begleiten-Reinigen-Schützen-oder einfach nur der Wohlgeruch, sind alles Attribute zum Räuchern. Jeder kann für sich selbst herausfinden, welches Räucherwerk besonders anspricht.

Die Wirkungen der Harze, Kräuter und Hölzer beruhen auf traditionellen Überlieferungen.
Bei Erkrankungen können Räucherungen unterstützend wirken, Tibeter, Japaner und Chinesen sind Künstler darin spezielle Räucherstäbchen für Krankenzimmer herzustellen. Ich spreche hier die Stäbchen ohne Holz und nur aus Kräutern und Hölzern gepresst, meist in Aschrams hergestellte an. Diese Stäbchen sind hier nicht leicht zu bekommen, ich kenne und bekam diese Stäbchen auch nur von einem tibetischen Freund. **Jedoch ersetzen Räucherungen nicht den Besuch eines Arztes oder Therapeuten.**

Das Rezeptbuch

Harze, Wurzeln, Hölzer

Hier nur eine kurze Beschreibung, da es in diesem Buch um Rezepte geht, die ich Ihnen zur Verfügung stellen möchte.

Weihrauch

Wohl die bekannteste Räucherung. Ich möchte hier nicht auf die verschiedenen Weihraucharten eingehen, es gibt mittlerweile reichlich Lektüre zu Weihrauch. Für mich unentbehrlich zum schnellen Reinigen von Räumen oder auch für schamanische Aura-Reinigungen. Weihrauch wirkt entspannend, wobei er gleichzeitig anregt. Er klärt die Sinne. Hilft beim analysieren von Situationen. Weihrauch schafft eine Verbindung zwischen den stofflichen und spirituellen Welten des Seins. Einsetzbar zu Meditation, Ritual und Reinigung.

Myrrhe

Myrrhe sollte immer mit etwas Weihrauch gemischt werden. Sie öffnet den Geist und hilft uns loszulassen, fördert Meditation und Heilung. Myrrhe hebt die Schwingung und reinigt die Atmosphäre.

Copal

Indianer räuchern Copal bei Zeremonien als Opfergabe. Copal ist ideal für Heilungs- und Reinigungsrituale.
Wird oft in Liebesräucherungen verwendet. Ich nutze Copal zur Meditation.

Dammerharz

Ein wahrer Lichtblick! Dammer aus dem Malaiischen übersetzt heißt „Licht" und so wirkt dieses Harz auch, gegen Trübsal, Schwermut oder Traurigkeit. Dammerharz schwingt sehr Hoch und vermittelt Leichtigkeit, Schutz, Reinigung und eignet sich hervorragend zur Meditation.

Mastix

Fördert Hellsichtigkeit, wird zur Erweckung übersinnlicher Fähigkeiten geräuchert. Gut anwendbar bei magischer Arbeit und Manifestation, beim Karten legen oder Orakeln.

Gummi Arabicum

Stärkt das Einfühlungsvermögen und die Sensibilität. Wird zum Liebeszauber (bei Frauen) eingesetzt. Bei der Herstellung von Räucherkegeln oder -kugeln wird er als Bindemittel eingesetzt. Meditation.

Sandelholz

Hat eine stark reinigende Wirkung und hilft beim Loslassen. Ist bekannt als Schutzräucherung. Regt unsere Schöpferkraft und unsere spirituellen Kräfte an. Schenkt uns innere Zufriedenheit und hilft uns in die eigene Stärke zu finden, Wird bei Liebeszauber angewandt. Fördert Meditation.

Tempelweihrauch

Moslemischer Tempel Weihrauch

Damit die Seelen in den Himmel steigen.

1 Teil Benzoe
1 Teil Aloe
1 Teil Sandelholz
1 Teil Patchouli

Oder

1 Teil Dammer
1 Teil Gummi Arabicum
1 Teil Sandelholz
1 Teil Patchouli

Griechischer Tempelweihrauch

Klärt und reinigt Situationen, geeignet zum Reinigen und Aufladen von Heil– und Ritualgegenständen.

2 Teile Weihrauch
1/2 Teil Aloe
1/2 Teil Thymian
1 Teil Fichtenharz
1 Teil Myrrhe
1 Teil Johanniskraut

Oder

1 Teil Mastix
1/2 Teil Johanniskraut
2 Teile Weihrauch
1/2 Teil Dammer
1/2 Thymian
1 Teil Fichtenharz
1 Teil Myrrhe

Griechischer Kirchenweihrauch

Besonders geeignet für Meditation und Gebet.

2 Teile Weihrauch
1 Teil Myrrhe
1 Teil Zeder
1 Teil Bernstein oder Johanniskraut

Gebetsmischung

Erleichtert die Verbindung in die geistigen Welten. Gibt uns den Schutz und die Sicherheit ganz ins Vertrauen zu gehen und loszulassen.

1 Teil Beifuß
1 Teil Wacholder, 1 Teil Mariengrass

Kirchenweihrauch

Bibel Exodus 30.34

   1 Teil Styrax
   4 Teile Benzoe
   10 Teile Olibanum (Weihrauch)

Hebräischer Tempelweihrauch

Er symbolisiert die vier Elemente und eignet sich für Gebet, Anrufung und Meditation.

   1 Teil Benzoe
   1 Teil Aloe
   1 Teil Sandelholz
   1 Teil Patschuli

   Oder

   1 Teil Dammer
   1 Teil Mastix
   1 Teil Sandelholz
   1 Teil Patschuli

   Oder

   1 Teil Styrax, 2 Teile Myrrhe
   1/2 Teil Johanniskraut
   2 Teile Weihrauch

JAHWE

Eine Mischung die im 2. Buch Mose erwähnt wird.
Für Gebet, Anrufung und Meditation.

1 Teil Galbanum
1 Teil Styrax
1 Teil Weihrauch
1 Teil Labdanum
1 Teil Opopanax

Gilgamesch

Diese Räuchermischung hilft uns, unsere Mitte zu finden. Sie stärkt uns und richtet uns seelisch auf. Sie gibt uns die Möglichkeit, Situationen aus einer anderen Perspektive zu erkennen.
Meditation, Gebet und Anrufung.

2 Teile Zedernholz
1 Teil Zedernspitzen
1 Teil Kalmus
1 Teil Myrtenblätter

Indianische Gebetsmischung

Stellt einen sakralen Raum her. Lädt positive Geistwesen ein. Diese Räuchermischung stellt uns unter einen besonderen Schutz und reinigt unsere Aura und Umgebung.
Zur Meditation, Gebet und Ritual.

1 Teil Beifuß
1 Teil Wacholder
1 Teil Sweetgrass

Lavendelweihrauch

Fördert die Verbindung zum Göttlichen. Reinigt die Aura von negativen Schwingungen. Lindert körperlichen und seelischen Schmerz.
Zur Meditation, Gebet und Anrufung.

Lavendelblüten und Weihrauch 1:1 mischen

Ägyptischer Kyphi
Papyrus 1550 vor Chr.

Wurde in heiligen Tempeln Gott Ra (Re) am Abend als Opfergabe gebracht. Ra oder Re verkörpert den Schöpfer und Erhalter der Welt. Kyphi vertreibt die Sorgen das Tages. Wiegt uns in den Schlaf und bringt uns angenehme Träume.

Wer Kyphi am Abend verbrennt dem werden Ruhe und Frieden geschenkt.

Ich nutze es zum meditieren.

4 Teile Weihrauch—1 Teil Benzoe—1 Teil Myrrhe- 2 Teile Mastix—1/2 Teil Styrax—1/2 Teil Wacholderbeeren—1/4 Teil Kalmus—1/4 Teil Galgant—1/4 Teil Koriander—1 Teil Zimtrinde/Blüte—1 Teil Lemongrass— 1/2 Teil Rosenblätter—1 1/2 Teile Sanderholz—1 Messerspitze Adlerholz—1/2 Teil Honig—8 Teile Rosinen—Rotwein.

Diese Räuchervariante ist etwas aufwendiger in der Herstellung. Jedoch kann ich nur Empfehlen es einmal auszuprobieren. Die Mühe ist mehr als lohnenswert.

Herstellung von Kyphi:

Die Rosinen werden zu einer Vollmondnacht 24 Stunden in Rotwein eingelegt. Myrrhe zerkleinern (oder beim Einkauf schon als Pulver kaufen), die Rosinen aus dem Wein nehmen und zerkleinern, beides gut mischen und 12 Stunden ziehen lassen.
 Die restlichen Zutaten pulverisieren, Honig erhitzen und beides den vorbereiteten Rosinen zu fügen. Alles gut miteinander verkneten und zu kleinen Kugeln formen.
Im alten Ägypten wurde Kyphi in erbsengroßen Kugeln in den Tempeln geräuchert. Mindestens 6 Wochen trocknen und ziehen lassen.
Diese Räuchervariante ist etwas aufwendiger in der Herstellung. Die Mühe ist mehr als lohnenswert, Kyphi verbreitet eine angenehme, warme, weiche, wohlriechende Schwingung von Geborgenheit, Sicherheit und Verbundenheit.

Nefertem

„Lotosblume an der Nase des Re"

so wird Nefertem in einem Pyramidentext (266) benannt. Nefertem wird in alten Schriften als Gott des Wohlgeruchs bezeichnet. Auch diese Mischung ist in dem Papyrus

1550 vor Chr. beschrieben. Sie wird zur Entspannung und zum Wohlfühlen geräuchert.

Herstellung genauso wie Kyphi.

1/4 Kalmus—1 Teil Myrrhe—1 Teil Zimtblüte—2 Teile Mastix—1/2 Teil Wacholderbeeren— 1/4 Teil Galgant—1/4 Teil Pfefferminzblätter—1 Teil Süssgrass—1/4 Teil Veilchenwurzel—1/4 Teil Akazie—1/2 Teil Honig—8 Teile Rosinen—Rotwein

Ägyptischer Tempelweihrauch
Isis und Osiris

Verbindet den Himmel mit der Erde. Besänftigt unser Wesen, harmonisiert unser Befinden und führt uns in unsere Mitte. Kann unterstützend und begleitend zu energetischen Behandlungen eingesetzt werden. Zur Meditation und Anrufung.

1 Teil Weihrauch
1 Teil Myrrhe

Genesis

Klarheit, Energie und Stärke verspricht uns diese Räucherung, sie Unterstützt das Verzeihen auf allen Ebenen, sich und anderen. Wenn wir es zulassen, werden wir zu unserem inneren Kind geführt. Besonders gut geeignet bei Ritualen. Zur Meditation und um Ruhe zu finden.

1 Teil Zeder
1 Teil Weihrauch
1 Teil Myrrhe
1/2 Teil Galbanum
Honig

Weihrauch und Myrrhe klein Mörsern, Galbanum unterkneten und nach und nach Zeder und Honig zufügen. In kleine Kugeln formen. Mindestens 7 Tage ziehen lassen.

Engel, Elfen und Naturgeister

Erzengel Michael, Schutzengengel

Farbe: Blau, **Planet:** Sonne, **Tag:** Sonntag
Eigenschaften: Schutz, Macht, Stärke, Autorität, Gerechtigkeit, Trennung, Konfrontation mit den Göttlichen Gesetzen.

Um mit der Kraft von Erzengel Michael in Kontakt zu treten, können wir folgende Räucherungen oder Duftöle verwenden: Patschuli, Salbei, Kampfer, Thymian, Sandelholz, Eisenkraut, Scharfgarbe, Eichenmoos, Engelwurz, Tannennadeln, Galgant, Macisblüte, Niaouli, Piment.

Erzengel Michael Schutz
Lädt Erzengel Michael und die Schutzengel ein und stellt uns unter Göttlichen Schutz, wir werden in unsere eigene Kraft und in unser Selbstvertrauen geführt. Diese Räuchermischung ist gut zu einer Anrufung oder bei Ritual und Bitten anzuwenden. Wurde mir von Erzengel Michael vorgeschlagen.

  3 Teile Sandelholz
  3 Teile Eichenmoos
  2 Teile Kardamon
  1 Teil Salbei,
  2 Teile Weihrauch

Erzengel Jophiel Erleuchtungsengel

Farbe: Goldgelb, **Planet:** Jupiter
Tag: Montag
Eigenschaften: Kommunikation, Unterscheidungskraft, Universelle Wahrheit, Erleuchtung, Beständigkeit, Klarheit.

Um mit der Kraft von Erzengel Jophiel in Kontakt zu treten können wir folgende Räucherungen oder Duftöle verwenden:
Vanille, Lemongrass, Burgunderharz, Ringelblume, Orangenschale, Hagebutte, Zypresse, Bergamotte, Mimose, Fichten/ Piniennadeln, Eukalyptus, Copal, Koriander, Engelwurz, Lemongrass, Sellerie.

Erzengel Jophiel Erleuchtung
Lädt Erzengel Jophiel und die Erleuchtungsengel ein, schwierige Situationen werden im goldenen Licht der Erkenntnis beleuchtet. Es ist leichter über den eigenen Horizont hinaus zu sehen und in Liebe anzunehmen.
Zur Meditation, Ritual oder Anrufung. Wurde mir von Erzengel Jophiel vorgeschlagen.

2 Teile Burgunderharz, 3 Teile Hagebutte
1 Teil Koriander, 2 Teile Orangenschale,
1 Teil Ringelblume

Erzengel Chamuel, Liebesengel

Farbe: Rosa
Planet: Venus
Tag: Dienstag
Eigenschaften: Liebe, Zuversicht, Geborgenheit, Mitgefühl, Urvertrauen, Hingabe, Mildtätigkeit.

Um mit der Kraft von Erzengel Chamuel in Kontakt zu treten können wir
folgende Räucherungen oder Duftöle verwenden:
Ingwer, Anis, Magnolie, Rosenholz, Geranium, Ysop, Christrose, Ylang Ylang, Rose, Engelwurz, Kalmus, Honig, Jasmin, Orangenschalen, Vertiver.

Erzengel Chamuel Liebe
Lädt Erzengel Chamuel und die Engel der Liebe ein und öffnet liebevoll dein Herz für DEIN Leben. Lasse es zu und tauche ein in die rosa Schwingung der allumfassenden Liebe.
Zur Meditation, Ritual und Anrufung. Wurde mir von Erzengel Chamuel vorgeschlagen.

3 Teile Rose, 1 Teil Kalmus,
1 Teil Rosenholz, 1 Teil Ingwer,
Wahlweise 1 Teil Copal oder Weihrauch

Erzengel Gabriel Botschaftsengel

Farbe: Weiß,
Planet: Mond
Tag: Mittwoch
Eigenschaften: Mondkraft, den Lebensweg finden, altes Wissen, Reinheit, Rhythmus, Hoffnung und Klarheit, das dritte Auge öffnen.

Um mit der Kraft von Erzengel Jophiel in Kontakt zu treten, können wir folgende Räucherungen oder Duftöle verwenden:
Myrrhe, Myrte, Jasmin, Neroli, Zimtblüte, Iriswurzel, Benzoe, Lavendel, Dammerharz, Fenchel, Rosmarin, Engelwurz, Beifuß, Petit Grain, Meersalz.

Erzengel Gabriel Botschaft
Lädt Erzengel Gabriel und die Botschaftsengel ein und führt dich liebevoll und sicher mit dem weißen Licht der Reinheit an deine Wahrnehmung für die Antennen in die geistige Welt. Seiner eigenen Intuition vertrauen können, sie schulen und anwenden. Für Ritual, Anrufung und Meditation. Wurde mir von Erzengel Gabriel vorgeschlagen.

2 Teile Dammerharz, 1 Teil Iriswurzel
1 Teil Myrrhe, 1 Teil Rosmarin, etwas Meersalz

Erzengel Raphael Heilerengel

Farbe: Grün
Planet: Merkur
Tag: Donnerstag
Eigenschaften: Heilung von Körper, Geist und Seele, Wahrheit und Weihung, Konzentration.

Um mit der Kraft von Erzengel Raphael in Kontakt zu treten können wir folgende Räucherungen oder Duftöle verwenden:
Latschenkiefer, Teebaum, Thymian, Minze, Arnika, Weihrauch, Kardamon, Ringelblume, Kamille, Honig, Engelwurz, Zeder

Erzengel Raphael Heilung
Lädt Erzengel Raphael und Heiler-Engel ein, schafft eine vertraute Atmosphäre von „umsorgt Sein", Körper, Geist und Seele können zur Ruhe und in Einklang gebracht werden. Heilung darf stattfinden.
Für Ritual, Anrufung, Meditation und energetische Behandlungen.
Wurde von Erzengel Raphael vorgeschlagen.

1 Teil Kamille
3 Teile Salbei
3 Teile Weihrauch
1 Teil Ringelblume, 1 Teil Engelwurz

Erzengel Uriel Friedensengel

Farbe: Rot
Planet: Mars,
Tag: Freitag
Eigenschaften: Gnade, Hingabe, Frieden, Freude, Aufrichtigkeit, Glaube.

Um mit der Kraft von Erzengel Uriel in Kontakt zu treten, können wir folgende Räucherungen oder Duftöle verwenden: Sandelholz, Sternanis, Pfeffer, Perubalsam, Johanniskraut, rote Rosen, Copal, Jasmin, Thuja, Myrrhe, Engelwurz, Honig, Hyazinthe, Basilikum, Mimose, Origanum, Patschuli,

Erzengel Uriel Frieden

Lädt Erzengel Uriel und die Friedensengel ein und verhilft uns zu innerer Friedensfindung. Wir dürfen die Energie der Leichtigkeit erfahren, um uns selbst zu Verzeihen. „Wie innen so außen" der äußere Frieden lässt dann nicht lange auf sich warten.

Für Ritual, Gebet und Meditation Wurde mir von Erzengel Uriel vorgeschlagen.

3 Teile Myrrhe, 1 Teil Engelwurz
1 Teil Thuja, 1 Teil Copal
1 Teil Lavendel

Erzengel Zadkiel Erlösungsengel

Farbe: Violett, **Planet:** Saturn,
Tag: Samstag
Eigenschaften: Befreiung, Transformation, Entfaltung, Freiheit, Reinigung, Erneuerung.

Um mit der Kraft von Erzengel Zadkiel in Kontakt zu treten, können wir folgende Räucherungen oder Duftöle verwenden: Veilchen, Lavendel, Weihrauch, Wacholder, Engelwurz, Dillkraut, Kümmel, Majoran, Melisse, Nelke, Rosenholz, Salbei, Schafgarbe, Wermut, Sternanis

Erzengel Zadkiel Erlösung

Lädt Erzengel Zadkiel und die Erlösungsengel ein und verschafft uns eine Atmosphäre der Leichtigkeit, in der wir alles loslassen dürfen, was unserem weiteren Weg nicht mehr dient.

Für Ritual, Reinigung, Anrufung und Meditation.

Wurde mir von Erzengel Zadkiel vorgeschlagen.

3 Teile Weihrauch, 1 Teil Salbei
1/2 Teil Wacholder
1/2 Teil Engelwurz
1/4 Teil Schafgarbe
1/2 Teil Lavendel, 1/4 Teil Sternanis

Lichtwesen

Unsere spirituellen Kräfte werden geweckt und die Verbindung zu unseren geistigen Führern unterstützt.
Für Meditation, Ritual und Anrufung

1/2 Teil Iriswurzel
1 Teil Weihrauch
1 Teil Myrrhe
1 Teil Dammerharz
1/2 Teil Rosenblüten

Erzengel

Ruft die Erzengel, die in unserer Situation gebraucht werden, zur Unterstützung herbei.
Für Meditation, Ritual, Gebet und Anrufung.

1/2 Teil Sandelholz
1/2 Teil Thymian
1/2 Teil Kampfer
1 Teil Weihrauch
1 Teil Dammerharz

Engel und Elfen

Dies ist eine Mischung, die auch für Rituale in der freien Natur eingesetzt werden kann. Lässt die Schleier und die Nebel die

die Anderswelt verbergen fallen.
Für Ritual, Meditation und Anrufung.

1 Teil Sternanis
1 Teil Weihrauch
1 Teil Myrrhe
1 Teil Benzoe
1/2 Teil Tonkabohne

Devas

Devas sind die Engel der Natur die wir mit unserer Herzensenergie anziehen. Diese Räuchermischung vereinfacht, den Kontakt zu Devas aufzunehmen.
Für Ritual, Meditation und Anrufung

1 Teil Zeder
1 Teil Rosmarin
1 Teil Mastix
1 Teil Benzoe

Pflanzendevas

Diese Mischung, kann uns mit den heilenden Kräften der Pflanzendeva in Verbindung bringen und Heilträume unterstützen. Als Opfergabe, Ritual und Meditation.

1 Teil Dammerharz
1 Teil Myrrhe
1 Teil Beifuß
1 Teil Weihrauch
1 Teil Salbei

Naturengel, Feen und Elfen anziehen

Hilft uns die Verbindung zu den Wesen der Natur zu finden und mit ihnen Kontakt aufzunehmen.
Für Anrufung, Ritual und Meditation

1 Teil Johanniskraut
2 Teile Fichtenharz
1 Teil Pinienharz
1 Teil Dammerharz

Elfentanz

Als ich diese Mischung zum ersten Mal ausprobierte, dachte ich, nach den Zutaten die ich ausgesucht hatte, ich könnte damit vielleicht ein Tor in die Engelwelt öffnen. Umso erstaunter war ich, dass schon fast im gleichen Moment, urplötzlich ein kleiner Elf neben mir saß. Diese Mischung lockt Elfen an, gibt gleichzeitig Schutz vor negativen Einflüssen und öffnet die Hellsichtigkeit und

Wahrnehmung.
Hier das Geheimnis der heiß begehrten Räuchermischung:

2 Teile Weihrauch
1 Teil Rosmarin
0,5 Teile Beifuß
1 Teil Patschuli
0,5 Teile Engelwurz
1 Teil Kiefernadeln
0,5 Teile Veilchenwurzel
1 Teil Johanniskraut
0,5 Teile Dost (den habe ich im Wald immer selbst gesucht und getrocknet.)

Elfenzauber

Zur Entfaltung von höherer, spiritueller Energien.
Öffnet uns für neue Ideen.

1,5 Teile Johanniskraut
5 Teile Dammerharz
1,5 Teile Rosmarin
2 Teile Engelwurz
1 Teil Rosenblätter

Wassernixen

Ich erinnere mich an einen Mann der diese Mischung lange in seiner Hand hielt und überlegte, um dann ganz unvermittelt zu sagen: Oh, Oh, und dann kommt der Wassermann…..

Diese Mischung ist abgestimmt auf Lichtwesenheiten die die Aufgabe übernommen haben die Gewässer zu schützen und zu umsorgen. Es ist nicht auszuschließen, dass man sich auch der Energie des Wassermannes öffnet, jedoch ist die Bezeichnung Wassernixen auch nicht ganz richtig, denn diese leben in salzigen Gewässern. Mit dieser Räuchermischung sprechen wir eher Nymphen an. Ich wollte den Namen dieser Räuchermischung nicht ändern, da es Menschen gibt die diese Mischung lieben und sie sollen sie dann natürlich auch in diesem Buch wiederfinden.
Für Ritual, Anrufung und Meditation

- 1 Teil Myrrhe
- 1 Teil Weihrauch
- 1 Teil Zimt
- 2 Teile Sandelholz
- 1 Teil Mastix
- 1/2 Teil Rosenblüten
- 1/2 Iriswurzel

Elemente

Erde: verschiedene Baumhölzer, Styrax,

Feuer: Ingwer, Shellharz, Weihrauch,

Wasser: Lilie, Meersalz, Amber

Luft: Thymian, Minze, Kampfer,

Äther: Lotus, Rose, Jasmin, Dammerharz

Erde

Diese Räuchermischung fördert das Gefühl mit beiden Beinen fest auf der Erde zu stehen.
Planet: Erde
Sternzeichen: Stier-Jungfrau-Steinbock

1 T Benzoe
1 T Fichtennadeln
1/2 T Beifuß
2 T Patschuli
1 T Myrrhe
1 T Weihrauch
1 T Tonkabohne
1 T Kalmus
2 T Rosenblüten

Feuer

Diese Rauchermischung fördert:
Stärke-Tatkraft-Leidenschaft
Sie vereinfach die Fähigkeit uns einer Sache mit Leib und Seele hinzugeben.
Planet: Sonne
Sternzeichen: Widder-Löwe-Schütze

1 T Benzoe
2 T Copal
1 T Muskat
1 T Ingwer
1/2 T Engelwurz
1 1/2 T Zimt
1 T Galgant
2 T Sandelholz

Wasser

Ein sich öffnen um Gefühle wahrzunehmen und anzunehmen ist das Geschenk dieser Räuchermischung.
Planet: Mond/Neptun
Sternzeichen: Fische-Krebs-Skorpion

1 T Lavendel
2 T Elemi
1 T Myrrhe
1 1/2 T Meersalz

1 T Rosmarin
1 1/2 T Iriswurzel
2 T (weißes) Sandelholz
1 T Moschuskörner

Luft

Diese Räuchermischung fördert geistige Wachheit, den freien Fluss von Gedanken und Ideen.
Planet: Merkur
Sternzeichen: Zwilling-Waage-Wassermann

1 1/2 T Kampfer
1 T Mädesüß
2 T Dammerharz
1 T Myrrhe
1 T Lorbeer
1 T Lavendel
1 T Muskat
1 1/2 T Copal

Äther

Diese Räuchermischung fördert das Bewusstsein der Einheit mit allem was ist und die Begegnung mit der göttlichen Energie.
Kosmos

1 T Zeder
1 T Kalmus
1 1/2 T Rosenblätter
1 T Lavendel
1/2 Fichtennadel
1 T Ingwer
3/4 Zimt
1 T Tonkabohne
1 T Weihrauch
1 T Myrrhe
1 T Sandelholz

Elemente

Diese Räuchermischung kann mit allen Elementen verbinden und die Meditation vertiefen.

1 T Benzoe
1 T Lemongrass
1 T Weihrauch
1 T Opopanax
1 T Styrax

Feng Shui

Besteht aus den Farben der 5 Elemente
2 T Vierfarben Weihrauch, 1/2 T Salbei oder Lavendel

Merkur

Dies ist eine Planetenräucherung, sie verbindet mit allen Aspekten die dieser Planet verkörpert. Ist gut einsetzbar zum Lernen, Schreiben und Denken. Zu empfehlen bei Diskussionen und allem was mit Sprechen und Kommunizieren zu tun hat.

1 T Dammerharz
1/4 Muskatblüte
1 T Ysop
1 T Lavendel
1 T Mastix

Hier noch 3 Elemente-Räucherungen. Diese Räucherungen rufen die Elemente-Hüter.

Feuer
1 T Galbanum
1 T Stramonium
1/2 T Agar Agar

Wasser
1 T Benzoe
1 T Eisenkraut
1/2 T Myrrhe

Erde
1 T Styrax
1 T Bilsenkraut
1/2 T Copal

Inneres Kind

Diese Räucherung lässt sich sehr gut zu Ritualen einsetzen. Der warme würzige Rauch schenkt Klarheit, Energie und Stärke. Wir erhalten Unterstützung auf allen Ebenen, so dass das Verzeihen, sich und anderen, leichter fällt.

In der Meditation zu unserem Inneren Kind fühlen wir uns wohlig geborgen und begleitet.

1 T Zeder
1 T Weihrauch
1 T Myrrhe
1/2 T Agar Agar
Honig

Weihrauch und Myrrhe zerkleinern mit Agar Agar, Zeder und Honig verkneten und zu kleinen Kügelchen formen. Mindestens 7 Tage trocknen lassen.

Erlösung

Hilft seelischen Schmerz zu lösen, bricht das Eis und schafft wieder Raum für positive Impulse. Erleichtert das Loslassen von alter Belastung und macht für neue Erfahrungen und Eindrücke empfänglich.

1/2 T Curcuma
1 T Veilchen
1 T Salbei
1 T Nelken
1 T Zimt

Schutz

Diese Räuchermischung fördert emotionale Stärke, psychischen Schutz. Hält alles, was für uns nicht förderlich ist, von uns fern. Zu empfehlen ist vorher eine Reinigung mit der Reinigungsräucherung.

1 T Johanniskraut
3 T Sandelholz
1 T Weihrauch
2 T Myrrhe
1 T Engelwurz
2 T Patschuli
1 T Beifuß
1 T Wacholder

Reinigung

Zur Reinigung des gesamten Haus und Hausstandes, sowie unseren Körper.

2 T Weihrauch, 1 T Ysop
5 T Engelwurz, 1 T Basilikum
1/2 T Beifuß, 1/2 T Nelken
1 T Pinienharz
1 T Copal

Meditation

Fördert Stille, Ruhe und Klarheit des Geistes. Entspannung und Balance.

2 T Weihrauch
1 T Mastix
1 T Dammerharz
1/2 T Sandarak

Oder

1 T Olibanum
1 T Styrax
1 T Melisse

Oder

1 T Kalmus

3/4 T Nelke
1/2 Salbei
1 T Weihrauch
1/4 T Lavendel
1 T Myrrhe

Oder

1 T Styrax
1 T Zimt
2 T Sandelholz
1 T Weihrauch, 1 T Propolis

Seelenbalsam

Eine der meist bestellten Räuchermischungen. Eine warme Hülle für verwundete Seelen. Geborgenheit und Trost.

3 T Benzoe
2 T Galant
1 T Agar Agar
1 T Tonkabohne
2 T Lavendel
1 T Rosenblüten
1/2 T Zimt

Alternativ:

1 T Kalmus

1 1/2 T Zimt
1 1/2 T Lavendel
2 T Weihrauch
1/2 T Wachholder
1 T Salbei
1 T Rosmarin
1/2 T Iriswurzel oder Veilchenwurzel
1 T Sternanis

Beide Räuchermischungen sind zu empfehlen, einfach ausprobieren.

Mond-Räucherungen

Vollmondräucherung

Speziell für Vollmond-Rituale.
Die Energie des Mondes kann bewusster Wahrgenommen werden und das Ritual bekommt eine starke Verbindung mit dem Spirit des Mondes.

2 T Elemi
1 T Agar Agar
1 T Myrrhe
1 T Copal weiß

Neumondräucherung

Speziell für Neumond-Rituale.
Die Energie des Mondes kann bewusster Wahrgenommen werden und das Ritual bekommt eine starke Verbindung zu den Erneuerungsenergien.

1 T Elemi
1 T Copal schwarz
1 T Myrrhe

Sommer-Sonnenwende

Wird traditionell zum 21. Juli im Freien geräuchert.
Verbindet mit den besonderen Energien an diesem Tag. Schafft eine Atmosphäre die uns mit der Fülle der Natur und des Lebens verbindet und regt an den inneren Reichtum zu entdecken.

1 T Johanniskraut
1 T Engelwurz
1 T Fichtenharz
1 1/2 T Agar Agar
1 T Beifuß
1 T Salbei

Winter-Räucherung

Eine Räucherung für die kalte und dunkle Zeit, für alle Feste und Zeremonien im Winter, sowie zur Reinigung von Haus und Räumen.

2 T Weihrauch
1 T Pinienharz
2 T Salbei

Erdheilung

Diese Mischung begleitet und unterstützt sehr gut Erdheilungs-Rituale und Heilzeremonien. Vermittelt Geborgenheit und seelisches Gleichgewicht.

1 T Benzoe
2 T Sandelholz
1 T Elemi
1 T Patschuli
1 T Perubalsam

Kreisräucherung

Räuchermischung für Rituale und das Arbeiten im magischen Kreis.

2 T Weihrauch
2 T Myrrhe
2 T Benzoe
1 T Sandelholz
1/2 T Zimtrinde
1/2 T Rosenblüten
1/4 T Eisenkraut
1/4 T Rosmarin
1/4 T Lorbeer

Edelsteinräucherungen

Für alle Heilsteine.

Die Steine durch den Rauch heben, so werden sie von allen negativen Belastungen befreit, neu aufgeladen und harmonisiert.

2 T Vanille
3 T Myrrhe
3/4 T Eisenkraut
3 T Weihrauch
2 T Copal
1 T Mädesüß
1 1/2 T Meersalz
1/2 T Sandelholz

Amulett-Räucherung

Fördert das Aufladen und das Übertragen einer Botschaft auf ein Amulett oder Talisman.
Zum segnen oder weihen von Edelsteinen.

3 T Myrrhe
3 1/2 T Weihrauch
3/4 T Kamille, 2 T Sandelholz
1 1/2 T Eichenrinde
1 T Eisenkraut
3/4 T Lavendel, 1 1/2 Lorbeer
1 T Johanniskraut

Indianische Räucherungen

Hopi-Räucherung

Diese kraftvolle, mystische Räucherung begleitet Meditation und öffnet unsere Seele für Klarsicht und Weitsicht.

1 T weißer Salbei
1 T Beifuß
1 T Boldoblätter
2 T Zedernspitzen

Indianische Schwitzhüttenräucherung

Reinigung von negativen Gedanken und Schwingungen, öffnet Körper, Geist und Seele.

1 T Beifuß
1 T Wacholder
1 T Zeder
1 T Fichtenharz

Indianische Gebets-Mischung

Diese Räuchermischung schafft einen sakralen Raum und zieht positive Geistwesen an.
Ein besonderer Schutz begleitet uns.

1 T Beifuß
1 T Wacholder
1 T Sweetgrass

Mystische Räucherungen

Schon in der Antike waren Orakelbefragungen untrennbar mit speziellen Räucherungen verbunden. Als Opfergabe an den Geist des Orakels, um ihn milde zu stimmen und das er seine Weisheit weitergibt, wurden verschiedene Räucherungen überliefert

Orakelweihrauch

Einsetzbar für alle Orakel, wie z.B. Tarot, Runen und Wahrsagen. Öffnet und bringt gleichzeitig Schutz vor negativen Einflüssen.

3 T Weihrauch
1 T Muskat
1/2 T Lorbeer
1 T Johanniskraut
1 1/2 T Ingwer
1 T Gänseblümchen
2 T Mastix
1 T Vanille
1 T Patschuli

Förderung der Hellsichtigkeit

Diese Räuchermischung verleiht mehr Intuition, Intensität, Klarheit und Tiefe.

1 T Königskerzenblüten
1 T Beifuß, 1 T Lavendel
1 T Bernstein

Oder:

1 T Myrrhe
1 1/2 T Muskat
1 1/2 T Patchouli
3 T Elemi
2 T Weihrauch
2 T Lorbeer
2 T Zeder
2 T Sandelholz
1 T Nelken
1/2 T Veilchen

Visionen

Diese Mischung eignet sich zur Meditation, Heilarbeit und begleitet Orakel-Lesungen. Mit ihrer beruhigenden Wirkung kann sie Visionen fördern und unsere Intuition vertiefen.

2 T Salbei weiß
2 T Copal Gold
1 T Boldoblätter
1/2 T Benzoe

Oder

1 T Sandelholz
1 T Stechapfelsamen
1 T Hanfblüten (heimischer Hanf)

Englische Okkult-Räucherung

Aus einem alten Buch zum Wahrsagen.

3 T Beifuß
4 T Mastix
1 T Patchouli
1 T Sandelholz

Delphi-Räucherung

Das Orakel zu Delphi ist wohl allen bekannt.

1 T Bilsenkrautsamen
1 T Lorbeer
1 T Weihrauch
1 T Myrrhe

Merlin

Der große Zauberer Merlin benutze auf seinem Weg wie alle anderen Zauberer und

Magier auch Hilfsmittel.

3 T Weihrauch
1 T Pinienharz
1 T Mistel
1 T Eisenkraut
1 T Propolis

Exorzismus

Die stärkste Mischung, also wenn alle reinigenden Räucherungen nicht geholfen haben, ist:

Je 1T Teufelsdreck mit Bockshornklee gemischt. Aber Vorsicht das riecht nicht angenehm, ist aber sehr wirksam. Vorher besser diese Räucherung probieren.

Zum austreiben von negativen Wesenheiten

1 T Johanniskraut
1 T Baldrianwurzel
1 T Wachholder
2 T Beifuß
1 T Engelwurz
1 T Salbei

Liebes-Räucherungen

Hier folgen verschiedene Räucherungen die eine liebevolle, erotische oder verführerische Atmosphäre zaubern können.

Aphrodite

Diese Mischung wurde in früheren Zeiten der Göttin geopfert und eignet sich für Rituale, oder einfach nur zum Wohlfühlen. Verstärkt erotische Ausstrahlung und Anziehungskraft.

1 T Patchouli
1 T Kardamon
1 T Benzoe
1 T Zimt
1 T Myrrhe
1/4 T Weihrauch

Berührung

Eine zarte Annäherung, die Warm umhüllt und eine vertrauensvolle Atmosphäre schafft.

1 T Iriswurzel
1 T Gummi Arabicum

1 T Moschus
1/2 T Patchouli

Indische Nacht
Verführerisch Berührend.

2 T Sandelholz
1 T Moschuskörner
1 T Gummi Arabicum
1 T Koriander
1 T Jasmin

Schwingen der Liebe

Warm, weich und betörend, kann man sich in das Reich der Gefühle fallen lassen.

2 T Sandelholz
1 T Vanille
1 T Moschuskörner
1 T Zimt
1 T Gummi Arabicum
1 T Rosenblätter
Etwas Safran

Oriental

Exotisch und erhaben entführt uns diese

Räuchermischung in andere Sphären.

2 T Sandelholz
1 T Patchouli
1/2 T Perubalsam
1/2 T Kardamon
1/2 Gummi Arabicum

Liebesräucherung

Für Verliebte oder Menschen die eine liebevolle Atmosphäre schaffen möchten.

2 T Weihrauch
2 T Myrrhe
1 T Lavendel
1 T Iriswurzel
1/2 T Vanille
1/2 T Kardamon

Alhambra

Exotisch, verführerisch entführt uns diese Räuchermischung in eine liebevolle Zweisamkeit.

1 1/2 T Sandelholz
1 T Rosenblätter
1/2 T Perubalsam

1/2 T Zimt
1 T Patchouli
1 T Dammerharz

Zarte Berührung
Leicht, weich und warm.

1 T Dammerharz
1 T Sandelholz
1 T Rosenblätter
1 T Jasmin
1/2 T Tonkabohne

1001 Nacht

Verführerisch Berührend, zum Träumen und Verwöhnen.

1 T Myrrhe
1 T Zimt
2 T Sandelholz
1 T Mastix
1/2 T Rosenblätter

Venusmuschel

Verfeinert die Wahrnehmung, mit allen Sinnen fühlen.

1 T Moschuskörner
1 T Kardamon
1/2 T Tonkabohne
2 T Copal
1/2 T Rosenblätter

Love

Verliebte und Liebende können sich in dieser liebevollen Atmosphäre fallen lassen.

1 T Sandelholz
1/2 T Kardamon
1/4 T Patchouli
1/4 T Vanille
1/2 Gummi Arabicum

Sahara

Diese Räuchermischung fördert Hingabe und Liebe, sie regt die Phantasie und Kreativität an.

2 T Sandelholz
1 T Moschuskörner
1 T Koriander
1 T Vanille
1/2 Rosenblüten
1 T Dammerharz

Tantra

Geeignet für Tantra und Liebesspiele.

2 T Sandelholz
1/2 T Zimt
1 T Moschuskörner
1 T Patchouli
1 T Sternanis
1/2 Gummi Arabicum

Geld und Glücks-Räucherungen

Geld

Fördert materiellen Reichtum und Gewinnchancen

4 T Weihrauch
1 T Myrrhe
3 T Zeder
2 T Zimt
1 1/2 T Sandelholz
1/2 T Lorbeer
1 T Pottasche
2 T Veilchen

Glücksweihrauch

Für eine schnelle Wirkung bei spannenden Unternehmungen, anhaltendes Glück

1 1/2 T Sweetgrass
1/2 T Melisse
2 T Sandelholz
2 T Kalmus
2 T Dammerharz
2 T Veilchenwurzel
1/2 T Muskatnussblüte
3 T Weihrauch
1/2 T Zimt

Erfolg

Diese Räuchermischungen fördern materiellen Reichtum und Gewinnchancen.

2 T Weihrauch
1 T Johanniskraut
1 T Thymian
2 T Myrrhe
1 T Lorbeer

Oder

2 T Zeder
2 T Eichenrinde
1 T Eisenkraut
1 T Benzoe
1 T Myrrhe
1 1/2 T Weihrauch
1 1/2 T Zimt
1 1/2 T Iriswurzel

Verschiedene Räuchermischungen

Hier habe ich alles angehängt was ich nicht in den Kapiteln unterbringen konnte.

Erlösung

Hilft seelischen Schmerz, belastende Erfahrungen und Eindrücke zu und los zu lassen, schafft Raum für positive Impulse.

1/2 T Curcuma
1 T Veilchenwurzel
1 T Salbei
1 T Nelken
1 T Zimt
1 T Copal

Oder

3 1/2 T Benzoe
1 1/2 T Myrrhe
1 1/2 T Zeder
1 1/2 T Patchouli
1 1/2 T Weihrauch
2 1/2 T Veilchen
1 1/2 T Zimt
1 T Galgant
2 T Mädesüß
1 T Rosenblätter, 1 T Nelke

Reinigung

Eine dieser Räuchermischungen sollte man immer vorrätig haben. Zur Reinigung des gesamten Hausstandes.

3 T Weihrauch
2 T Myrrhe
1 T Sandelholz

Oder

2 T Weihrauch
1 T Myrrhe
1 T Pinienharz
1 T Sandarak

Oder

1 T Lavendel
1 T Basilikum
2 T Weihrauch
1 T Myrrhe
1 T Ysop
1/2 T Engelwurz
1/2 T Lavendel
1/2 T Beifuß
1/2 T Nelke

Schutz

Diese Räuchermischung hält Unangenehmes fern.
Kann z.B. vor unangenehmen Besuch geräuchert werden, so können sich niedrige Schwingungen nicht ins Haus setzen. Nach Stress-Situationen, oder wenn man sich einfach unbehaglich fühlt mit der Reinigungsräucherung räuchern.

1 T Johanniskraut
3 T Sandelholz
1 T Weihrauch
2 T Myrrhe
1 T Engelwurz
1 T Patchouli
1 T Beifuß
1 T Wacholder

Heilungsweihrauch

Kann zu Heilbehandlungen, Heilmeditationen oder Heilritualen eingesetzt werden.

1/2 T Kalmus
1 T Weihrauch

Oder

1 T Weihrauch
1 T Kampfer

Meditation

Diese Räucherung kann zu Meditationen und Phantasiereisen eingesetzt werden. Sie fördert Stille, Ruhe und Klarheit des Geistes, Entspannung und Balance und eine positive innere Haltung.

2 T Weihrauch
1 T Dammerharz
1 T Mastix
1/2 T Sandarak

Oder

1 T Olibanum (Weihrauch)
1 T Styrax
1 T Melisse

Oder

1 T Kalmus
1 T Weihrauch
1 T Myrrhe
1/2 T Salbei
3/4 T Nelke
1/4 T Lavendel

Seelenbalsam

Eine sehr beliebte Räucherung. Sie schafft eine warme Hülle für verwundete Seelen, wirkt heilsam und beruhigend.

3 T Benzoe
2 T Galgant
1 T Agar Agar
1 T Rosenblätter
1 T Tonkabohne
2 T Lavendel
1/2 T Zimt

Oder

2 T Weihrauch
1 T Kalmus
1 T Salbei
1 T Rosmarin
1 T Sternanis
1 1/2 T Zimt
1 1/2 T Lavendel
1/2 T Wacholder
1/2 T Iris– oder Veilchenwurzel

Segnungsweihrauch

Diese Räuchermischung eignet sich für Segnungszeremonien, sowie zur Weihung von Ritualgegenständen oder zur Weihung von Talisman und Amulett.

1 T Myrrhe
1/2 T Weihrauch
1/2 T Kamille

Oder

3 T Myrrhe
1 T Eisenkraut
1 T Johanniskraut
2 T Sandelholz
3 1/2 T Weihrauch
1 1/2 T Eichenrinde
1 1/2 T Lorbeer
3/4 T Kamille
3/4 T Lavendel

Kraft

Diese Räuchermischung hilft eine Verbindung zu unseren Kraftzentren herzustellen, sie zieht uns sanft aus seelischen Tieflagen und baut uns auf.

1 T Galgant
1 T Zeder
1 T Wacholder
1/2 T Nelke, Kalmus oder Drachenblut
1/2 T Dammerharz

**Energie und Lebenskraft
Tatkraft und Selbstvertrauen**

2 T Galgant
2 T Dammer
2 T Weihrauch
1 T Beifuß
1 1/2 T Myrrhe
1 1/2 T Muskatblüte
1 1/2 T Lemongrass
1 1/2 T Eisenkraut
3/4 T Rosmarin
1/2 T Kardamon
1/2 T Engelwurz

Traumzeit

Träume können wichtige Ratgeber sein, mit dieser Räuchermischung, werden Träume und ein tiefer Schlaf gefördert. Vor dem Schlafen gehen räuchern und um erholsamen Schlaf und informative Träume bitten. Block und Schreibzeug bereit legen.

1 T Zeder
1 T Iriswurzel
1 T Moschuskörner
1 T Myrteblätter
1 T Rosenknospen

Stille

Diese Räuchermischung ist für Menschen gedacht die Unruhig oder Hyperaktiv sind. Sie führt in die Stille, Ruhe und Klarheit.

1 T Myrtenblätter
1 T Benzoe
1 T Weihrauch
1 T Dammerharz
1 T Lavendelblüten

Hier mal ganz etwas Nützliches

Insekten-Räucherung

Hält jede Art von Ungeziefer fern.

Wirksame Kräuter zum Räuchern: Lemongrass, Zitronenmelisse, Nelke, Zedernholz, Lavendel

1 T Lavendel
1 T Zitronenmelisse
1 T Nelke
1 T Zeder
1 T Zimtblüte

Jetzt habe ich schon fast all meine geheimen Rezepte Preis gegeben.

Nun fehlt nur noch die viel gefragte Elfen-Milch. Sie ist aber keine Räucherung und hat eigentlich in diesem Buch nichts zu suchen, aber auf Grund der vielen Anfragen werde ich das Rezept hier veröffentlichen. Für alle Leser die dieses Bad lieben weise ich darauf hin, dass ich auch meine Rituale veröffentlichen werde, in dem das Elfen-Ritual enthalten ist. Dort wird dann auch das Rezept für die Elfen-Milch zu finden sein und noch viele andere Rezepte die aus ätherischen Ölen hergestellt werden.

Elfenmilch

50 ml Basisöl
z. B. Jojobaöl, Erdnussöl oder Mandelöl
30 Tropfen Sandelholz
35 Tropfen Jasmin
30 Tropfen Ylang Ylang
25 Tropfen Rose
25 Tropfen Orangenblüte
25 Tropfen Tonkabohne

Mindestens 14 Tage stehen lassen. Für ein Bad 200 ml Sahne oder Milch in ein Kunststoffbehälter geben und je nach Bedarf mit mindestens 2 Esslöffel von dem Öl mischen und ins Badewasser geben.

Jetzt nur noch genießen und sich von den Düften verwöhnen und in die Welt der Elfen und Feen entführen lassen.

Zum Abschluss möchte ich noch Kräuter und Wurzeln benennen, die den Chakren und Sternzeichen zugeordnet werden. Da dies ein reines Rezeptbuch werden soll, werde ich nicht weiter auf die Wirkungen der einzelnen Kräuter und Hölzer eingehen, denn dies würde nochmals ein ganzes Buch füllen.

Chakra

1. **Wurzel-Chakra**
Muskatnussblüte, Sandelholz, Nelke, Zedernholz, Zimt, Perubalsam, Nelke, Patchouli.

2. **Sakral-Chakra**
Karottensamen, Jasmin, Moschuskörner, Orangenschalen, Vanille, Kamille.

3. **Solarplexus**
Basilikum, Zimtblüten, Orangenbüten, Sternanis.

4. **Herz– Chakra**
Eisenkraut, Fichtennadel, Jasmin, Rosenholz, Rosenblätter, Veilchenwurzel.

5. **Kehl-Chakra**
Melisse, Thymian, Minze, Oregano, blauer Flieder.

6. **Stirn-Chakra**
Jasmin, Lavendel, Rosmarin, Pfefferminz-blätter.

7. **Scheitel-Chakra**
Weihrauch, Myrrhe, Copal, Dammerharz.

Sternzeichen

Widder
Rosmarin, Lavendel, Rose, Fichtennadeln, Zimt, Lemongrass, Pfeffer, Piment, Rosmarin.

Stier
Rosenholz, Nelke, Galgant, Sandelholz, Nelke, Lavendel, Rosmarin.

Zwilling
Sternanis, Salbei, Lavendel, Minze, Rosenholz, Rosmarin.

Krebs
Vanille, Perubalsam, Tonkabohne, Weihrauch, Sandelholz, Rosenblätter.

Löwe
Lavendel, Patchouli, Melisse, Rosmarin, Ingwer, Orangen und Zimtblüten.

Jungfrau
Fenchel, Lavendel, Salbei, Zimtblüte, Minze.

Waage
Rosenholz und -blätter, Sandelholz, Jasmin, Zeder.

Schütze
Zimt- und Orangenblüten, Sandelholz,
Patchouli, Rosmarin, Pfeffer, Ingwer.

Skorpion
Zypresse, Patchouli, Ingwer, Kalmus, Pfeffer,
Sandelholz, Zimtblüten.

Steinbock
Wacholder, Rosmarin, Bergbohnenkraut,
Kiefernadeln, Wermutkraut.

Wassermann
Sandelholz, Weihrauch, Kamille, Rosmarin,
Salbei, Rosenholz.

Fische
Magnolie, Lavendel, Wacholder, Sternanis,
Veilchen, Copal, Dammerharz.

Das Ritual der Herstellung

Der uralten Kunst der Japaner, Chinesen, des Orients, der Indianer und Schamanen verdanken wir das Geheimnis des Räucherns.

Gleich dem Gold und der Edelsteine wurde edles und seltenes Räucherwerk gehandelt und den Königshäusern als edles Geschenk dar geboten. Die betörenden Düfte waren reiner Luxus.

Kräuterfrauen, Schamanen und Heiler nutzten Räucherungen eher zum Gebrauch von Heilungen und Ritualen. Im geheimen wurden Rezepte und altes Wissen ausgetauscht und nur an Eingeweihte weitergegeben.

Seit ich denken kann hab ich mich für Kräuter interessiert, viel durfte ich von meinem Großvater über Pflanzen lernen. Die Informationen zu Wirkungen und Gebrauch von Pflanzen, Wurzeln und Farben, kam mal mehr, mal weniger, auf ganz ungewöhnlichen Wegen zu mir. Seit Mitte der 70er Jahre experimentierte ich mit meinem Wissen und erweiterte es ständig, bis ich dann Anfang der 90er nicht nur Räuchermischungen verkaufte, sondern auch spezielle Mischungen auf die Person bezogen herstellte. Nun aber ist für mich eine andere Zeit angebrochen und ich habe nicht mehr genügend Zeit mich um die Räucherungen zu kümmern, nur noch für den Eigenbedarf. Das macht natürlich viele meiner Anhänger traurig, denn viele meiner Mischungen bekommt man nicht zu kaufen. Zwar gibt es Mischungen mit dem gleichen Namen die aber nicht meinen entsprechen. Das heißt nicht das die anderen Mischungen schlecht sind, sondern einfach nur das sie anders sind.

Wie schon ganz zu Anfang gesagt, habe ich manche Kräuter selbst gepflanzt, im Wald gesucht, geerntet und getrocknet. Diese Kräuter beinhalten natürlich die Energie des Ortes, wo sie gewachsen sind und auch die Information des gepflanzt und gepflückt Werdens. Jeder der die Zeit und die Möglichkeit hat die Pflanzen selbst zu pflanzen, oder Pflanzen selbst zu suchen sollte dabei beachten, dass die Pflanzenseele, quasi von Geburt an, Ihre Umgebung wahrnimmt und die Liebe des Pflanzers und Versorgers auch in ihrem Wuchs zeigt. Bitte niemals eine Pflanze ganz rupfen, sondern die Pflanze darum bitten, sie informieren das man ihr Blätter, Blüten oder Wurzel entnimmt, und sich bei ihr bedanken. Mag sich für manche komisch anhören, aber ich bin sicher, dass dies Einfluss auf Wirkung und Geruch nimmt. Natürlich habe auch ich Kräuter, Wurzeln, Hölzer und Harze eingekauft. Ich habe sie mit violettem Licht gereinigt, mich bei den

Pflanzen und allen daran beteiligten bedankt und sie gesegnet. Bei der Herstellung der Räuchermischungen wird jeder für sich heraus finden wie es am besten geht. Ich habe meistens mit den Harzen angefangen und leise Meditationsmusik im Hintergrund laufen lassen. Hier liegt es an jedem selbst ob er die Räucherung schnell verbrennen oder (was bei Ritualen besser ist) langsam verbrennen möchte. Bei schneller Verbrennung werden die Harze zerkleinert (oder schon als Pulver eingekauft), langsamer verbrennt es, wenn die Harze als kleine Kügelchen in die Mischung eingefügt werden. Es ist zu empfehlen sich bei der   Herstellung genügend Zeit zu nehmen, und das gewählte Rezept gut vorbereitet, mit allen Zutaten zu beginnen.

Die Räuchermischungen gut mischen und am besten in ein Schraubglas geben. Meiner Erfahrung nach sollten Räuchermischungen mindestens 4 Wochen gut durchziehen. Natürlich können wir auch direkt nach der Herstellung verbrennen, jedoch wirkt hier dann jedes einzelne Element der Räucherung für sich. Wenn die Mischung gut durchgezogen ist, haben sich die Anteile in der Räuchermischung miteinander verbunden und wirken als Einheit.

In den Rezepten habe ich T = Anteile angegeben.

Mir erschien es immer leichter mit Anteilen die Mischungen zu berechnen, als in Prozent oder Gramm.

Beispiel: Eine Mischung hat insgesamt 12 Anteile. Dann nehme ich einen Behälter, wie z.B. ein Glas, einen Löffel oder eine Schale. Ein Teil = 1 Füllung. Nun kann ich einfach die angegebenen Teile in eine Schüssel geben. 6 T Weihrauch also 6 Gläser, Löffel oder Schalen. 3 T Salbei also 3 Gläser, Löffel oder Schalen Salbei, usw. Ich kann auch schon vorher messen, wie viel Anteile in das von mir gewählte Schraubglas passen und die Räuchermischung dann neu Berechnen. Wenn z. B. in das von mir gewählte Schraubglas 24 Anteile passen, verdoppele ich die einzelnen Anteile, ist das Glas kleiner und es gehen nur 6 Anteile hinein, dann halbiere ich die angegebenen Anteile.

Mit etwas Übung ist es dann ganz leicht eine Räuchermischung neu zu berechnen.

Mein Rat zur Herstellung ist, die Mischungen mit einem Guten Gefühl, mit Zeit und Vorbereitung, vor allem mit Liebe und Dankbarkeit herzustellen.

Die Kunst des Räucherns

Eine der ältesten Formen der „Aroma-Therapie" ist wohl das Räuchern. Es gab und gibt praktisch in jeder Kultur das Ritual des Räucherns zu unterschiedlichen Zwecken.

Bereiten Sie das Räuchern mit

1 feuerfeste Räucherschale
1 kleiner Löffel
Räucherkohle
Räucherkohlenzange oder Pinzette
Räucherwerk
etwas Sand
Feuerzeug oder Streichhölzer

vor.

Geben Sie den Sand in die Schale, so dass der Boden der Schale gut bedeckt ist. Nun nehmen Sie die Räucherkohle in die Räucherkohlenzange oder Pinzette und entzünden sie. Vorsicht die Räucherkohle knistert und raucht, manchmal spritzt sie auch leichte Funken. Ich habe es, wenn ich nicht draußen war, meist über dem Waschbecken entzündet. Wenn die Räucherkohle durch gebrannt ist, stellen Sie sie in die Mitte der Schale hochkant in den Sand. Nun dauert es ca. 5 bis 7 Minuten bis die Kohle richtig durchgeglüht ist. Die Kohle hat dann einen weißen Überzug und ist zum räuchern bereit. Mit der Zange oder Pinzette legen sie die Kohle auf den Sand. Je nachdem wie stark sie die Räucherung haben möchten, geben Sie nun die Räuchermischung mit dem Löffel in die Mitte der Kohle auf.

Zu empfehlen ist eine feuerfeste Unterlage für die Schale, weil sie sehr heiß werden kann.

Bitte auf Brandgefahr achten bitte Kohle niemals über Teppichen, Tischdecken oder leicht brennbaren Materialien entzünden.
Räuchergefäß nie unbeaufsichtigt lassen. Säuglinge und Kleinkinder, Haustiere (es sei denn sie mögen es, so wie meine Katze) möglichst nicht in die Räucherzeremonie einbeziehen.
Räucherwerk, Räucherkohle und alle anderen Utensilien nicht in Reichweite von Kindern aufbewahren.

Um ein Haus oder eine Wohnung mit einer Schutz– oder Reinigungsräucherung zu räuchern, empfehle ich die Mischung in einem Mörser zu zerkleinern. Gehen Sie mit der Schale durch die Räumlichkeiten und räuchern sie von der Mitte des Raumes, beginnend mit der östlichen Ecke im Uhrzeigersinn zu räuchern. Von der Mitte in die Ecke, zurück zur Mitte und dann in die nächste Ecke. Es empfiehlt sich dabei zu Beten oder die guten Geister des Hauses zu bitten alles was nicht in Ihr Leben oder in diese Räume gehört, hinaus zu begleiten. Nach dem Räuchern öffnen Sie sämtliche Fenster und lassen alles richtig durchlüfte. Danach nochmals räuchern.

Experimentieren Sie mit den Räucherungen und kreieren Sie Ihre eigene Mischung.

Ich wünsche viel Freude und Spaß beim Räuchern